A 44-CARD DECK WITH GUIDEBOOK

ARCHANGEL MESSAGE

ORACLE CARDS
VOLUME I

CAMIEL
AUTHOR OF THE FIRST ANGEL BOOK

MAY YOU TRAVEL THROUGH LIFE
UNDER THE WINGS OF ANGELS.

•

CONTENTS

3 牌卡訊息

1 希望
2 重生
3 勇氣
4 和諧
5 探險
6 不受限
7 傾聽
8 完美的相遇
9 新開始
10 自然
11 覺察
12 內在精進
13 自我賦權
14 成長的渴望
15 耐心
16 歡笑
17 自我之愛
18 愛的旅程
19 支持
20 平衡
21 祝福
22 自我價值
23 自我接納
24 自然展現
25 神聖時刻
26 臣服
27 共同創造者
28 神奇
29 更新
30 向前邁進
31 幽默感
32 合一
33 真實
34 洞察
35 人生經驗
36 轉化

1
牌卡介紹

大天使訊息卡是屬於神諭卡的一種，使用的印記、圖像和文字都經過仔細的調頻，以最高的良善意圖為基礎。每一張牌卡皆與相對應的大天使產生共振，傳遞著和諧、純粹、充滿愛與和平的力量，讓每一次的解讀成為深刻且內在的啟發和洞察，為所有的生命經驗帶來療癒和轉化。

不同的大天使具有不同的職責和任務，他們不受時間與空間的限制，樂於給予我們任何所需的協助和支持，我們需要做的就是敞開我們的心和頭腦，然後安排獨處的時間傾聽和接收這些祝福。

2
使用方式

當你使用大天使訊息卡，你就成為連結靈性和物質的橋樑，你所獲得的訊息將服務每個人的最高益處，並且為你帶來所需要的能量共振，引領更多的愛、平靜和豐盛進入你的生命。除了自己使用外，你也可以透過大天使訊息卡為身邊的人帶來神聖的訊息和天使的療癒。

○牌卡淨化

將牌卡取出，用手觸碰每一張牌卡，把有印記的一面朝下放置於手掌心，另一手握拳輕敲牌卡數次，淨化在製造和運輸過程中可能吸收到的額外能量。任何時候，如果有需要，你也可以用同樣的方式再次淨化牌卡。牌卡淨化後，需要進行啟動牌卡的步驟，讓牌卡成為你傳遞神聖訊息和療癒能量的媒介。

○牌卡啟動

將淨化好的牌卡拿在手上，以扇形排開，有印記的一面朝著自己的心輪，做幾次深呼吸，然後使用以下的祈請文來啟動牌卡：

「大天使們，請協助我敞開我的心和頭腦，讓我能夠清楚地聽見、看見、知道、感覺到你們所要傳遞的訊息。請確保每一次的解讀都具有啟發性、每一次療癒都深入核心，為每個人，包括我自己，帶來療癒和轉化。謝謝你們！」

將眼睛閉上，做幾次深呼吸，靜靜地感受能量的流動。

牌卡啟動完成，就可以開始進行解讀和療癒，使用結束後，請收置於牌卡盒內。如果超過一個月沒有使用，使用前，再次淨化和啟動牌卡能夠確保能量的穩定。

○牌卡解讀

使用牌卡時，用雙手握住牌卡，閉上眼睛，將專注力放在呼吸上，感覺自己回到內在的核心，穩定扎根於地球，準備好接收來自大天使的訊息和能量。

準備好後，就可以開始洗牌，在心裡想一個你希望得到真知洞見的問題。如果你為其他人解讀，你可以請對方在你洗牌的時候，將問題說出來，或是在心裡默念。例如：今天我需要什麼指引？目前有什麼是我沒有覺察到的盲點？這個經驗在教導我什麼？當我做出改變，我會獲得什麼成長？現在我最需要採取什麼行動？

即使你不知道對方的問題也沒有關係，請信任你所抽出的牌卡將會是對方需要的指引。當你感覺對的時候，就可以停止洗牌，將最上面的一張牌卡取出，或是切牌取出最吸引你的牌卡。不用擔心這個過程會出錯，在神聖秩序和神聖時刻的看照下，你總是會選到正確的牌卡，不會有任何意外。

○牌卡療癒

花點時間觀看你選到的牌卡，注意任何浮現的想法或感受，然後閱讀相對應的牌卡內容，允許自己接收來自大天使的指引。如果當下你不確定訊息的內容在提醒你什麼，你可能會在近期找到答案。每一張牌卡都具有療癒的能量，你可以專注地看著牌卡上的印記，或用手指描繪印記的路徑，來接收療癒的能量；也可以將牌卡放在心輪的位置，讓療癒的能量得以進入。如果你希望大天使為你的居家環境帶來祝福，將牌卡放在空間裡乾淨整齊的地方即可。

○牌陣運用

牌陣 A：當下的關鍵點

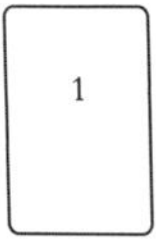

這個牌陣能夠協助你聚焦在當下時刻，不論是針對特定問題，還是讓大天使給予你一個訊息，透過每天抽取單張牌卡，你會更有意識地創造你的每一天，並且獲得恢復平衡所需的療癒能量。

以下的問題類型特別適合透過單張牌陣獲得快速而直接的指引：

1) 什麼是我沒有覺察到的盲點？
2) 什麼是我最需要採取的行動？
3) 這個經驗在教導我什麼？
4) 這件事帶給我什麼成長？

牌陣 B：過去－現在－未來

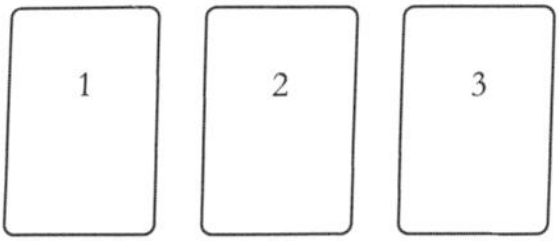

這個牌陣能夠協助你獲得關於過去、現在和未來的洞見，讓你更深入覺察內在的渴望、了解過去如何影響著你、看見什麼是為你帶來最大益處的行動。洗牌後，依序選擇三張牌卡，按照牌陣位置由左至右排開，再從第一張牌卡至第三張牌卡開始解讀。第一張是「過去」，代表近期三個月內發生的事，或是最近在面對的情況。第二張是「現在」，代表你目前的情況、你現在最需要知道的事，或是你需要學習的方向。第三張是「未來」，代表接下來三個月內最有可能發生的事，或是你需要採取的行動。

牌陣 C：人際關係

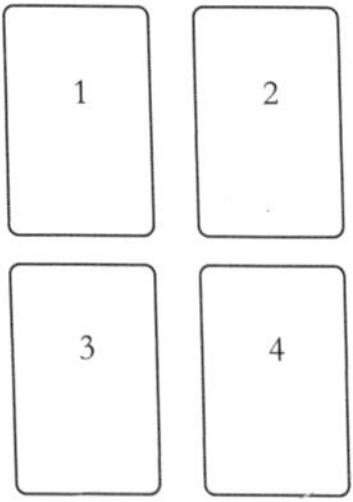

這個牌陣能夠協助你洞察你與另外一個人之間的互動關係，讓你以更高的角度理解彼此的相處，並為這段關係帶來更多的祝福。洗牌後，依序選擇四張牌卡，按照牌陣位置放好，再從第一張牌卡至第四張牌卡開始解讀。第一張是「你為這段關係帶來什麼」，第二張是「對方為這段關係帶來什麼」，第三張是「這段關係目前的狀態」，第四張是「給這段關係的指引和洞見」。

3
牌卡訊息

大天使訊息卡和文字內容充滿純粹的愛，觀看牌卡和閱讀訊息時，允許靈感和洞見進入你的心，注意那些突然浮現的想法和感受，即使當下你無法理解天使所要傳達的提醒或教導，信任你會在適合的時候完全明白。除了訊息內容，每一張牌卡皆有對應的祈請文和大天使介紹，讓你能夠更容易地邀請天使進入你的生活。

大天使訊息卡將為你帶來啟發、滋養、療癒、陪伴、支持和保護，同時喚醒在你之內原本就存在的靈魂之光。大天使一直都在你身邊，你永遠都不孤單。

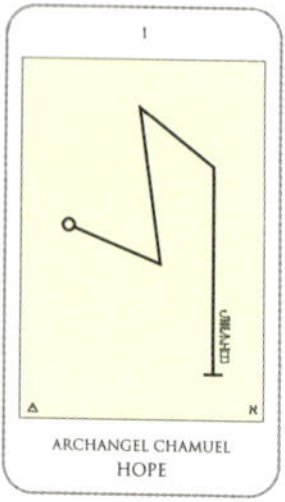

1
ARCHANGEL CHAMUEL
HOPE

大天使夏彌爾
希望

希望，是一種深植於你內心的力量，能引領你穿越生活中各種挑戰帶來的恐懼。恐懼不是你的敵人，而是在提醒你：某部分的你被自己區隔或否定。這正是與內在力量重新連結的機會。如果你擔心自己無法承擔未來、害怕生活裡的阻礙，你需要重拾對希望的信任，讓它成為你的支柱。如果你感覺人類終有一天會毀滅這個世界，那麼你需要提高你的視野，看見人類有著極大的潛能和改變的契機，以及豐富的創造力和良善的本質。恐懼的出現，是在引領你通過充滿幻相的迷霧，提醒你重新與內在的寧靜之所連結。你無須被恐懼左右，當你認出恐懼是一個能夠與你並肩作戰的朋友、一位能夠教導你勇氣的老師、一個協助你歸於內在核心的療癒者，緊握希望，恐懼變成了一份禮物。

○大天使祈請文

「大天使夏彌爾，請協助我敞開心去信任，透過希望轉化恐懼，點燃我內心的火光，照亮我的生命，也照亮整個世界。謝謝你！」

○大天使介紹

大天使夏彌爾能夠協助你擴展人際關係、找到符合人生使命的工作、尋回遺失的物品，也能療癒你內心的傷痛，釋放罪惡感和不甘心，化解誤會和衝突，協助人們透過愛和慈悲來互動，恢復親密關係的和諧。

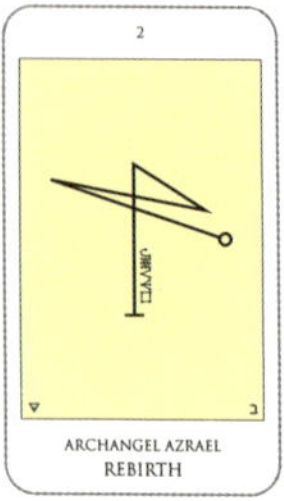

2
ARCHANGEL AZRAEL
REBIRTH

大天使艾瑟瑞爾
重生

變化的發生，是為了讓生命得以流動。表面上的失去，從更高的角度來說，往往是更深遠的得到。也許失去會讓你感覺不安或遺憾，但是你很快就會明白，那些失去的其實早已有了變化，只是過去的你選擇了忽略。

有時候，你會有意識地決定離開，或無意識地放掉生命裡的某些事物，好讓自己有勇氣重生。如果你想要往新的方向前進，失去是不可或缺且至關重要的過程。給自己足夠的時間來適應這些變化，但也要提醒自己不要過度沈溺於悲傷裡。當你看穿損失的幻相，你會找到自由，這是重生的時刻，現在你需要全神貫注，帶著踏實的的態度和真誠的心一同往前，更平衡、更喜悅的階段即將到來。

○大天使祈請文

「大天使艾瑟瑞爾，請協助我看見真相，我已經準備好放掉不再服務我最高益處的人事物，並且為全新的開始，做出必要的決定。謝謝你！」

○大天使介紹

大天使艾瑟瑞爾給予臨終的人關懷與安撫，護送離世的人平安離開物質實相，進入充滿光與和平的星光界。同時，協助在世的家庭成員從悲痛中獲得療癒，在生命裡看見祝福。大天使艾瑟瑞爾也能為你的已逝親友傳遞來自天堂的訊息，讓你知道你所愛的人一切安好。

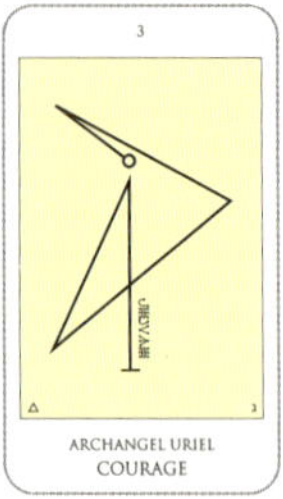

3
ARCHANGEL URIEL
COURAGE

大天使烏列爾
勇氣

人類集體意識的循環開始進入一個全新的階段，舊有的慣性模式正在瓦解，你被無限的可能性和逐漸擴展的視野所包圍。也許有時你會感覺迷失，也許你對離開舒適圈感到猶豫，但是在你內心深處的渴望，確實強烈地驅使你去突破、跨越和整合。

現在是鼓起勇氣去歡迎新事物的時候，讓你的頭腦成為意志力的推手，停止過度分析，從充滿侷限的邏輯框架裡跳脱出來，勇敢地允許內在的衝動和信任無條件地擴大增強，讓愛與你的更高願景共振，真正服務你最高益處的資源將被顯化，準備好迎接全新且難以想像的新生命。請記得：勇氣不僅是面對恐懼的力量，更是你內心深處堅定的信念。你是被祝福的，你很安全。

○大天使祈請文

「大天使烏列爾，請協助我展現勇氣去跟隨內在的衝動，採取必要的行動去落實我的目標和夢想，我對所有的可能性保持敞開。謝謝你！」

○大天使介紹

大天使烏列爾能夠將光帶入任何困境和挑戰，增進分析和解決問題的能力，協助你清晰思考，找到適合的解決方案。如果你需要指引或靈感，大天使烏列爾也能為你吸引需要的資源。

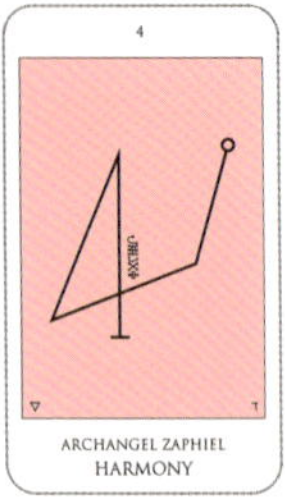

4
ARCHANGEL ZAPHIEL
HARMONY

大天使薩菲爾
和諧

即使局勢看似混亂，和諧確實正在逐漸靠近。有時趨近穩定的過程會帶來巨大的轉變，你需要做的是放下不再與你共振的人事物，允許他們離開或選擇其他的方向。持續平衡力量的展現，不自我犧牲、不委曲求全，也不試圖掌控或引發他人的恐懼。或許你無法改變當下情境的發展，然而你絕對可以選擇堅定而柔軟的方式去協調人際關係的紛擾。

你的使命不是改變別人，而是創造愛、豐盛和寬恕，為你的生活，以及周遭的人帶來更多和諧的頻率。和諧是一種內心狀態，當你接受自己和他人，與他人互動時傳遞出這份平靜，你就為這個世界注入更多光與愛。堅持不懈，影響著你接觸的每一個人，周圍環境會逐漸轉變，終將朝和諧的方向發展。

○大天使祈請文

「大天使薩菲爾，請協助我以清晰的視野看見完整的願景，在動盪起伏的時刻，展現和平的力量，為所有人，包括我自己，帶來寧靜和和諧。謝謝你！」

○大天使介紹

大天使薩菲爾能夠為孩童帶來保護，守護他們不受到傷害，也能療癒內心的傷痛和憤怒，協助你透過慈悲之情原諒自己和他人的過錯，給予你陪伴，讓你知道你並不孤單。

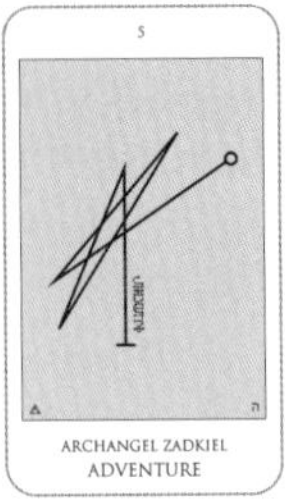

5
ARCHANGEL ZADKIEL
ADVENTURE

大天使薩基爾
探險

改變，是一場偉大的冒險。當你相信所有的變化都是在服務你的最高益處，是在顯化更適合你的機會和舞台，你就有能力以平靜而安穩的方式與變化同行。你來到這個世界，是為了分享你的獨特性，也是為了把握機會去累積你的地球與人類經驗，跨出舒適圈，去探索生命的奧妙，在每一天發現趣味與新知。

變化是生命的驅動力，協助你放掉限制你擴展的觀點、信念和判斷，引領你看見未知裡蘊含的無限可能性，讓你能夠毫無保留地去創造和實現。請記得：宇宙是友善的，成長是喜悅的，不論是順境還是逆境，一切都是為了你的成長而存在，都是奇妙的探險。擁抱每一次的旅程，展現探索的熱情，一切安好。

○大天使祈請文

「大天使薩基爾，請協助我在變動中保持正向和積極，我已經準備好迎接更適合我的新階段，我選擇在喜悅裡成長，獲得價值的完成。謝謝你！」

○大天使介紹

大天使薩基爾能夠協助你喚起自己的神聖使命，療癒罪惡感，釋放偏見和對他人的不諒解，協助你以寬恕和慈悲接納已經發生的事，被無條件的愛所圍繞。

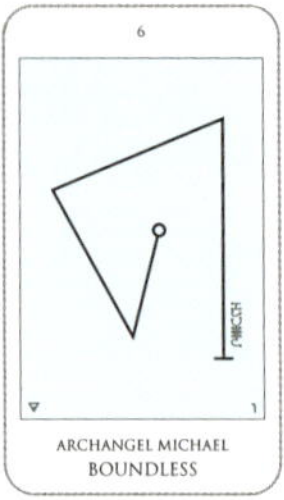

6
ARCHANGEL MICHAEL
BOUNDLESS

大天使麥可
不受限

專注在你的呼吸上，有意識地保持深而緩的呼吸頻率，你就能進入平靜的片刻。你是愛的分流，你為這個世界帶來如此之多的美好。也許有時你不確定自己該往哪裡走，也許有時你覺得自己沒有地方可去，然而隨著你超越自我設限，認出你創造的本質，你會更理解人無絕路、天無絕境、一切都有可能的真相。

你擁有無限的可能性，你擁有超越限制的力量，你的每個選擇都創造一個新機會。如果你想獲得充滿真誠和信任的人際關係，你需要先無條件地信任你自己、肯定你自己，認知到你是愛的具體化身。當你這麼做，你會吸引那些同樣對愛敞開、尊重自己也尊重他人的人來到你的生命，彼此珍惜、享受、共同創造更多充滿愛的經驗。

○大天使祈請文

「大天使麥可，請協助我跨越所有的限制，看見無限的本質，在生活裡體現一切都有可能的真相，為身邊的人帶來充滿力量的啟發。謝謝你！」

○大天使介紹

大天使麥可能夠給予你勇氣和力量去落實夢想，實踐你的人生使命，看見自己真正的價值。大天使麥可能夠守護你的安全，同時給予你所愛的人完整的保護，免於受到任何負面能量的侵襲。

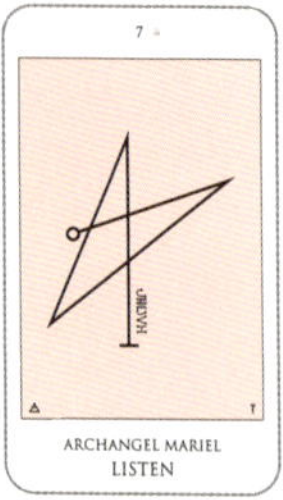

7
ARCHANGEL MARIEL
LISTEN

大天使瑪瑞爾
傾聽

當你安靜下來傾聽，你將不會錯過來自靈魂的輕聲細語，你將不會忽略你的心給你的溫暖擁抱，你將不會遠離你的使命、你的天賦和你的源頭。你沒有偏離屬於你的正確道路，即使在你感覺迷失的時刻，也是如此，保持信任，你確實被來自天與地之間的力量所支持。

無須著急，放慢腳步，如果你的選擇讓你有所遲疑，不要倉促行動、勉強配合或許下承諾，給自己幾天的時間沈澱，感受你的身體和情緒帶給你的回饋，你會知道你在尋找的答案。

滋養的愛在你的血液裡流動，神聖的指引在你的呼吸裡穿梭，你只需要安處在當下，沈澱於內在的寧靜之所，你就會發現你從不孤單，你無時無刻都在神聖的恩寵裡，被守護、被看照。

○大天使祈請文

「大天使瑪瑞爾，請協助我靜下思緒，將專注力放回到身體的呼吸和脈動上，對內在的聲音保持覺察，感受臨在的全然合一。謝謝你！」

○大天使介紹

大天使瑪瑞爾能夠平衡你的男性和女性能量，協助你從靈魂的角度檢視事情，以你的最高益處採取實際的行動。大天使瑪瑞爾也能夠協助你與神聖祖先的智慧連結，啟動靈魂累世的天賦與潛能。

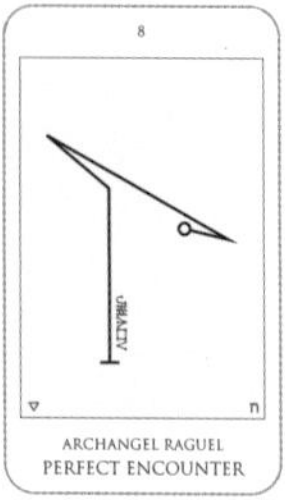

8
ARCHANGEL RAGUEL
PERFECT ENCOUNTER

大天使拉貴爾
完美的相遇

每一段關係，都是一種完美的相遇，為你的靈魂旅程帶來獨特的經歷。有些關係帶來祝福，有些關係帶來課題。有些人會擴展你的意識，有些人會寬廣你的眼界，有些人會增長你的智慧，有些人則會敞開你的心。別懊惱你曾遇見誰，別後悔開始哪一段際遇，也無須遺憾你錯過了什麼。

每一段關係，都有其存在的必要性，都是為了將你內在最好的部分發揮出來的完美相遇，為了讓你成長和覺醒。對進入你生活裡的人表示歡迎，珍惜每一次相處的時光；當離別時刻來臨，給予彼此感謝和祝福，然後勇敢地告別、往前進。你的人生因為這些完美的相遇而更豐富，讓你發現更好的自己，也成就了靈魂珍貴的約定。

○大天使祈請文

「大天使拉貴爾，請協助我以仁慈之心理解我所有的人際關係，我明白每個人，包括我自己，都在成長的道途上不斷地嘗試、調整和成為愛。謝謝你！」

○大天使介紹

大天使拉貴爾是公平與正義的象徵，為弱者帶來力量。大天使拉貴爾能夠協助你在人際關係中真實表達自己的感受和觀點，以平衡的方式與他人互動，協助你在混亂的情境中看見真相。

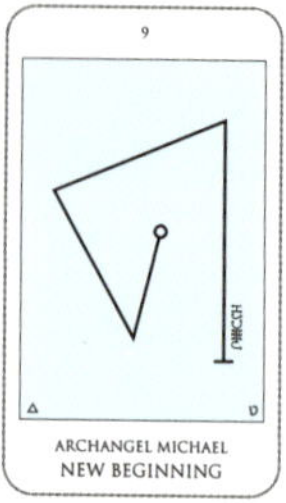

9
ARCHANGEL MICHAEL

NEW BEGINNING

大天使麥可
新開始

你已經放掉許多阻礙你前進的事物，現在是採取行動去達成目標的時候。別再等待或猶豫，別再擔心或遲疑，你確實已經具備一切你所需要的資源和能力。保持正向，談論你的夢想、談論你想要成為什麼樣的人、談論你的願景、談論你想要為這個世界帶來什麼影響力。

新開始是你成長的機會，讓每一個曙光都成為你重新啟程的象徵。所有美好的事物離你越來越靠近，敞開你的心，信任你內在衝動的驅使，把握當下時刻，新的領域正在歡迎你，帶著好奇心啟程吧！去探索未知，不論遇到什麼，都要相信，你的每一次嘗試都是在往夢想靠近，你是被守護的。

○大天使祈請文

「大天使麥可，請協助我看見自己的變化、肯定自己的成長、信任自己的能力，我願意嘗試新事物，持續擴展和學習。謝謝你！」

○大天使介紹

大天使麥可能夠給予你勇氣和力量去落實夢想，實踐你的人生使命，看見自己真正的價值。大天使麥可能夠守護你的安全，同時給予你所愛的人完整的保護，免於受到任何負面能量的侵襲。

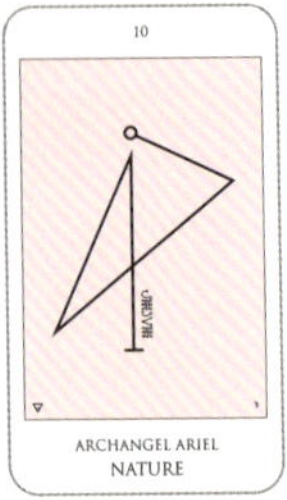

10 ARCHANGEL ARIEL

NATURE

大天使亞列爾

大自然

安排時間獨處，允許自己有機會享受寧靜的時光。透過接近大自然，做適度的運動或瑜珈，聽美妙的音樂，練習冥想和深層的呼吸，你就能安處於當下，回到內在的核心。當你遠離大自然的懷抱，你會失去與源頭的連結，容易導致過度分析、優柔寡斷、擔憂焦慮、難以做決定的情形，也會影響睡眠品質和身體循環的運作。

練習暫停，讓生活與大自然的節奏同步，到戶外走走，感受陽光和微風，接觸植物或使用精油，感受和諧自在的生命力。大自然是你內在平靜的泉源，讓你體會生活的幸福和深度。定期與大自然接觸，釋放壓力、增強直覺，允許滋養的能量孕育你的生命，處之泰然。

○大天使祈請文

「大天使亞列爾，請協助我釋放所有沈重的包袱，透過大自然純粹的療癒力，將阻塞的能量轉化成新鮮的空氣、乾淨的水源和充沛的活力。謝謝你！」

○大天使介紹

大天使亞列爾守護精靈國度和動物王國，協助大自然的和諧運作，以及生態環境的平衡，看照野生動物、地球環境和自然生態都是大天使亞列爾的任務範圍。大天使亞列爾也能協助我們提升關係的和諧度，增加人與人之間的互助合作，同時促進不同種族和文化的交流。

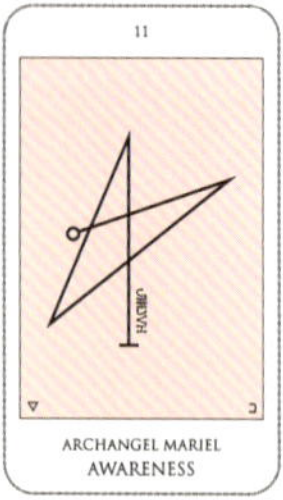

11
ARCHANGEL MARIEL
AWARENESS

大天使瑪瑞爾
覺察

隨著你的意識擴展，你開始樂於觀察自己的內心、洞察情緒和感受的變化、渴望透過自我探索和成長獲得更大的滿足與平靜。你知道你在尋找的答案，已經存在於自己之內，你需要做的就是誠實地與自己對話，並且如實接納所有面向的自己。

即使現況很糟，只要你願意看見和接納，轉機就會發生，阻止你看見新開始的屏障就會消失，壓在心上的沈重與無力也會失去對你的控制，這是重獲自由的必經之路。

當你深入問題的核心，避免蜻蜓點水或鑽牛角尖，試著從多元和客觀的角度去檢視你發現的一切，你會更容易覺察真相、發現經驗所帶給你的禮物。

○大天使祈請文

「大天使瑪瑞爾，請協助我褪下盔甲和包裝，在自己的面前，能夠全然坦承和包容，見證所有的光明面和陰暗面在自己之內走向合一。謝謝你！」

○大天使介紹

大天使瑪瑞爾能夠平衡你的男性和女性能量，協助你從靈魂的角度檢視事情，以你的最高益處採取實際的行動。大天使瑪瑞爾也能夠協助你與神聖祖先的智慧連結，啟動靈魂累世的天賦與潛能。

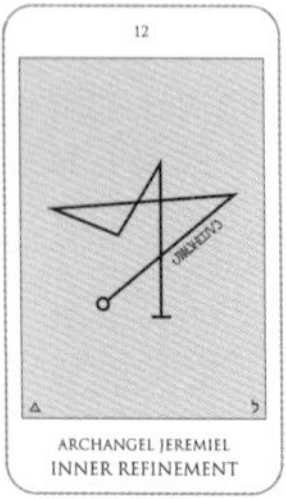

12 ARCHANGEL JEREMIEL

INNER REFINEMENT

大天使耶利米爾
內在精進

當你開始享受成長帶來的喜悅，你會越珍惜獨處的時光、越明白寂靜的可貴、越洞察事情的真相、越保持平靜的心。把更多的時間放在自我對話和自我檢視上，去肯定你的努力，以及願意嘗試的勇氣。不要低估自己，不要與他人比較，你比你想像的更有能力，即使還有成長的空間，你也可以去分享。

有意識地減少批判、評論和貼標籤的行為，不論是對自己、對他人，還是對特定事件，將專注力放在如何更脆弱但同時更堅強，如何更柔軟但同時更堅定。

未知依然在，不同的是你能看見當中的契機；無常依然在，不同的是你允許勇氣和信任與你同行。你在一個看似一成不變的生活裡活出全然不同的自己，而這就是修行。

○大天使祈請文

「大天使耶利米爾，請協助我看穿幻相的帷幕，見證自己的成長，透過鼓勵和支持的方式，不斷精進自己的信念和言行，時時與愛保持共振。謝謝你！」

○大天使介紹

大天使耶利米爾能夠協助依循你的心行事，跟隨你的內在熱情去創造符合你最大益處的事物，確保你走在落實人生使命的道途上。大天使耶利米爾也能夠協助你了解夢境的意義，從你的人生經驗裡獲得洞見和成長。

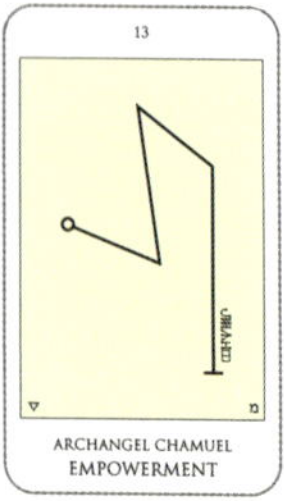

13 ARCHANGEL CHAMUEL

EMPOWERMENT

大天使夏彌爾

自我賦權

外面的世界總是如此忙碌，生活彷彿充斥著艱難和阻礙，無數的待辦事項消磨了你的力氣，太多事在索取你的注意力，太多人試圖將他們的觀點強加在你身上，導致你忽略了你內在的光、失去了自在喜悅的本質、忘記了自己究竟是誰、在多變的幻相裡迷失了方向。

困境的出現，代表你把過多的專注力放在外界的事物上，你可能將力量交付給其他人，希望別人能告訴你答案，或是過度在意形象和評價。現在，你需要練習獨立和平衡，覺察你的起心動念和言行舉止。你正走在重生的道途，讓你的行為充滿堅定和自信，讓你的思緒具有深度和啟發，讓你的經驗成就最豐富的你。你真正需要的，不是別人的認可，而是你打從心裡相信，你和別人一樣，你是有力量的。

○大天使祈請文

「大天使夏彌爾，請協助我平衡生活的所有面向，將專注力放在我真正渴望的事物上，我願意展現力量，成為創造自己生命經驗的主人。謝謝你！」

○大天使介紹

大天使夏彌爾能夠協助你擴展人際關係、找到符合人生使命的工作、尋回遺失的物品，也能療癒你內心的傷痛，釋放罪惡感和不甘心，化解誤會和衝突，協助人們透過愛和慈悲來互動，恢復親密關係的和諧。

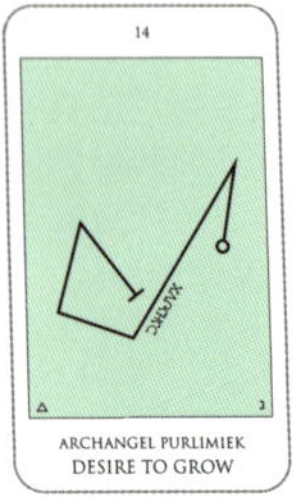

14
ARCHANGEL PURLIMIEK

DESIRE TO GROW

大天使帕里米克
成長的渴望

所有的成長都來自於渴望，土壤裡的種子之所以向著太陽發芽生長，是因為渴望陽光；身體裡的細胞之所以傳遞訊號給大腦，是因為渴望滋養；樹根之所以呈放射狀向下擴展，是因為渴望水源。人類也是如此，當你越觸碰那深植在你心裡的渴望，你會獲得越多的理解、智慧與愛，以及生命的滋養。

渴望是回到合一狀態的驅動力，因此在你還需要成長的時候，把渴望當作幫助你提升、進化和整合的工具，不要壓抑你的渴望，或把渴望視為一種缺陷，讓你的渴望成為一種支持，推動你去成就超乎想像的自己。請記得：對成長的渴望是你靈魂深處的呼喚，引領你發展成你真正想成為的樣子。

○大天使祈請文

「大天使帕里米克，請協助我依循靈魂的渴望不斷地充實自己、完善自己，我願意跨出舒適圈去成長，並且見證自己逐漸茁壯。謝謝你！」

○大天使介紹

大天使帕里米克是植物王國的守護者，確保植物的和諧生長，協助樹木扎根於地球，增進花朵授粉的機率，提高物種多元性，同時引領和平的能量傳遞到每個角落。大天使帕里米克也能夠強化你與地球的連結，更能敏銳覺察大自然所給予的徵兆和指引。

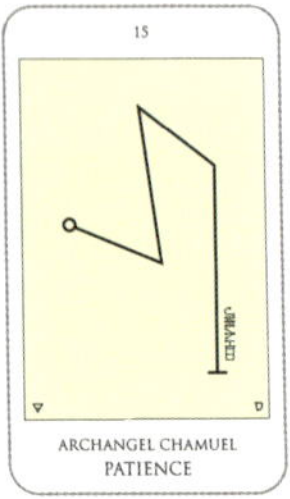

15
ARCHANGEL CHAMUEL
PATIENCE

大天使夏彌爾
耐心

在你開始學習新事物的時候，保持耐心、紀律和正直之心去落實是必要的。也許在這個過程裡，你會感覺沮喪或無趣，甚至質疑自己在浪費時間不斷地重複練習，然而一心想要快速建構觸及星空的高塔，往往也容易因為地基不穩而失敗告終。

耐心是成功不可或缺的關鍵，穩定踏實地累積經驗與知識，信任每一天的努力會成為實現夢想的養分，也是真正使你更有自信與力量的基石。把耐心視為你的盟友，在持續努力地耕耘下，你必然會綻放光芒。成功不是瞬間的成就，而是每一次堅持與付出的累積。對自己承諾：我願意以堅定不移的紀律，不斷地完善自己，朝著真正渴望的目標前進。

○大天使祈請文

「大天使夏彌爾，請協助我以有計劃的方式按部就班去執行每一個步驟，我知道現在所有的耕耘，都將成為未來豐收的果實。謝謝你！」

○大天使介紹

大天使夏彌爾能夠協助你擴展人際關係、找到符合人生使命的工作、尋回遺失的物品，也能療癒你內心的傷痛，釋放罪惡感和不甘心，化解誤會和衝突，協助人們透過愛和慈悲來互動，恢復親密關係的和諧。

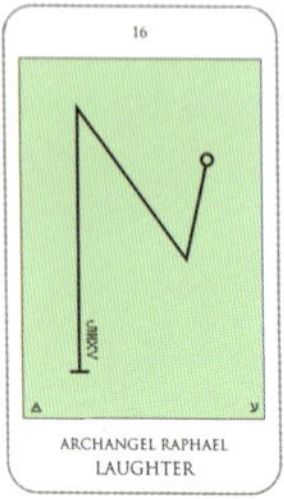

16
ARCHANGEL RAPHAEL
LAUGHTER

大天使拉斐爾
歡笑

玩耍、歡樂和笑聲能夠提升你的振動頻率，讓你更快地吸引你渴望的事物發生，也會讓你更容易以輕鬆不費力的方式實現夢想。你可以透過觀察自己的身體得知你是否過度嚴肅地處理事情：如果你的頭部時常疼痛，那麼你可能把過多的精力放在分析和擔憂上；如果你的肩膀感覺緊繃，那麼你可以練習分派任務和排定事情的優先順序；如果你的手臂痠痛，那麼允許別人幫忙會是不錯的選擇；如果你的腿部肌肉僵硬，那麼該是跨出舒適圈、採取行動、嘗試新事物的時候了。

在日常生活中，加點樂趣，做些你真正喜歡的事，與能夠自在相處的朋友聚聚，讓歡笑充滿生活，這不僅會增強你的振動頻率，讓你感覺充滿活力和創造力，整個宇宙也會因你的歡笑而共鳴。

○大天使祈請文

「大天使拉斐爾，請協助我帶著幽默感看待生活裡所謂不完美的事，我明白真正帶來輕鬆的不是狀態，而是心態，我信任一切安好。謝謝你！」

○大天使介紹

大天使拉斐爾能夠在各種層面帶來療癒，包括身體、情緒、心智和靈性。大天使拉斐爾時常與其他大天使合作，為受傷的動物、昆蟲和植物帶來療癒，也會保護旅行者的安危，確保旅程平安順利。

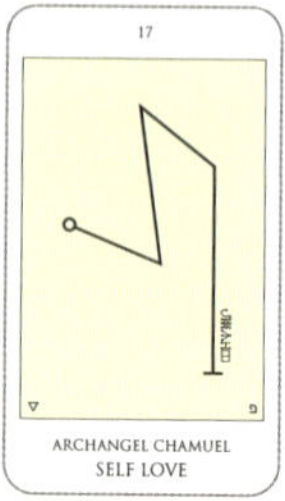

17
ARCHANGEL CHAMUEL
SELF LOVE

大天使夏彌爾
自我之愛

愛自己不是自私，也不是自負；事實上，愛自己是建立愛的互動關係的先決條件。當你愛自己，你的心會變得柔軟而敞開，你尊重並善待自己，你歡迎愛的到來；當你愛自己，你會因而充滿源源不絕的愛，你會具足更穩定的基礎去關懷和支持他人。

你無須大幅度地改變你待人處事的方式，你只需要每天練習安排一些放鬆和玩樂的時間給自己，參加你真正感興趣的活動，暫停苛刻消極的自我批判，以正向積極的方式鼓勵自己前進。

你能接受多少愛，取決於你有多愛你自己。請記得：你是一個美麗而獨特的靈魂，你值得擁有整個宇宙以及來自你自己的愛。

○大天使祈請文

「大天使夏彌爾，請協助我成為自己最寶貴的朋友，珍惜自己、尊重自己、善待自己，我知道我所需要的愛，來自於我自己。謝謝你！」

○大天使介紹

大天使夏彌爾能夠協助你擴展人際關係、找到符合人生使命的工作、尋回遺失的物品，也能療癒你內心的傷痛，釋放罪惡感和不甘心，化解誤會和衝突，協助人們透過愛和慈悲來互動，恢復親密關係的和諧。

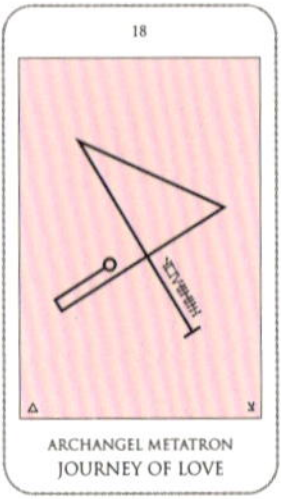

18
ARCHANGEL METATRON
JOURNEY OF LOVE

大天使麥達昶
愛的旅程

你一直都是神聖之愛的延伸，你在物質實相顯化了愛的樣子。不論你是否覺察到這件事，你只需要繼續朝著愛前進，讓你充滿愛的思想、愛的行為和愛的言談，最終你都會在愛裡覺醒。

覺醒伴隨著療癒，當你療癒了你自己，你會看見你的本質就是愛，而去愛就是你的使命。請記得，覺醒之前，表達愛、成為愛；覺醒之後，表達愛、成為愛。

愛的旅程是一場奇妙的冒險，在學習、成長，以及所有的甜蜜與苦澀中，你發現更多關於自己的真相。當你對自己展現支持、包容與柔軟，你會在所有的經驗裡發現愛，也遇見一個個更幸福美好的自己。

○大天使祈請文

「大天使麥達昶，請協助我認出自己愛的本質，透過愛去學習和經驗，我展現慷慨、寬容和慈悲的品質，我願意成為那個先去愛的人。謝謝你！」

○大天使介紹

大天使麥達昶曾轉世於人間，是先知以諾 (ENOCH)。大天使麥達昶協助彩虹和水晶小孩，以及靛藍成人適應地球環境，讓這些新時代靈魂能夠保有靈性的天賦，看見自身獨特的價值，學習表達自己的觀點和感受，為人類個體和集體開創下一個新世紀。

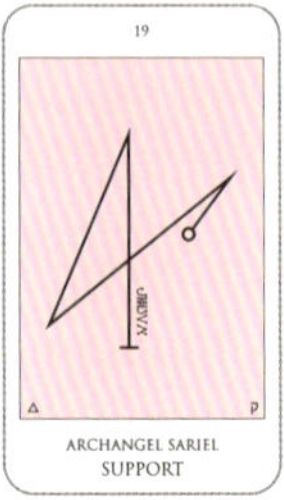

19
ARCHANGEL SARIEL
SUPPORT

大天使薩瑞爾
支持

你能為人們的成長做出最大的幫助就是「停止拯救」他們，允許他們自己做決定，讓他們選擇想要經驗的事物，並為自己的行為負起完全的責任。當你這麼做，你是在支持人們展現自己的力量，同時信任他們將擁有一切所需的資源。

沒有人樂意看見正在學習走路的嬰兒跌倒，然而你不會阻止他繼續練習，因為你明白這是一個成長的過程。在他人經歷錯誤時，保持平靜，接納這是過程的一部分，為他們展現自由意志感到驕傲，給予鼓勵與支持。相信每一次的經歷，不論成功與否，都會引領他們邁向更完善的層次。最好的支持，是為他們提供一個成長的空間，是相信他們擁有力量，無須被拯救。

○大天使祈請文

「大天使薩瑞爾，請協助我放掉擔憂和焦慮，允許每個人，包括自己，能夠免除害怕失敗的恐懼，在伸手與放手之間找到適合的平衡點。謝謝你！」

○大天使介紹

大天使薩瑞爾能夠協助你創造充滿愛的人際關係，為關係中的每個人帶來療癒和提升，同時協助你透過夢境獲得真知洞見，有勇氣將你的智慧分享出去。大天使薩瑞爾也是強大的療癒者，能夠緩解上癮症狀，給予上癮者和他的家人支持和保護。

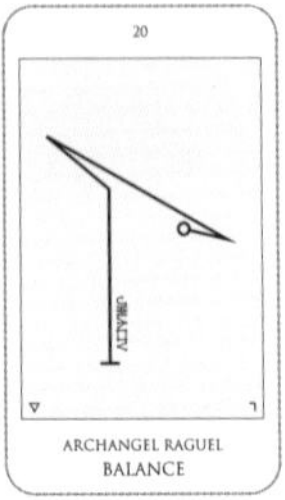

20
ARCHANGEL RAGUEL
BALANCE

大天使拉貴爾
平衡

現在是在自己與他人的價值觀中找到平衡的時候，尊重他人的選擇，對他們的自我展現和自我負責感到驕傲，同時保持對內在的穩定，對自己的價值和前進的方向要有信心。

與人合作不會讓你失去自己，反而能讓你在過程中看到更多面向的自己，在分享與教學之間獲得喜悅和回饋。找到與人相處之間的平衡並不容易，但是當你鼓起勇氣跨出舒適圈、突破交流互動所引發的情緒緊張，你會更容易建立寶貴且和諧的人際關係。你無須做大幅度的改變，只要一點點的調整和嘗試，就能讓你更快速抵達內心渴望的目的地。平衡不僅是和他人共處的核心，更是你心靈成長的重要關鍵。

○大天使祈請文

「大天使拉貴爾，請協助我敞開心去信任，我相信當我開始表達自己內心感受和想法，願意傾聽的人就會出現。謝謝你！」

○大天使介紹

大天使拉貴爾是公平與正義的象徵，為弱者帶來力量。大天使拉貴爾能夠協助你在人際關係中真實表達自己的感受和觀點，以平衡的方式與他人互動，協助你在混亂的情境中看見真相。

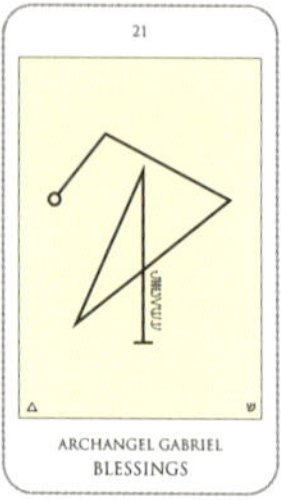

21
ARCHANGEL GABRIEL
BLESSINGS

大天使加百列
祝福

美好的祝福與令人振奮的事物正在等著你，即使你現在還看不清前方的景象，即使此刻的你可能感到有些不知所措，請全然信任神聖秩序的安排。一切都會朝著最好的方向發展，而當時機成熟時，你將會明白該選擇什麼方向、採取什麼行動。

鼓起勇氣，綻放你內在的光，無須讓擔憂的烏雲遮掩了你的陽光，也無須讓焦慮的喧擾覆蓋了你的平靜，抬起頭，敞開你的雙臂，感受奇蹟的圍繞，迎接屬於你的新時代，擁抱難以置信的快樂。

全然相信自己，你比你想像中還要強大，你的才華和潛力無限，邁出眼前的一步，宇宙會成為你的靠山，支持你的每一個決定。生命處處有轉機，祝福早已降臨在你身邊，引領你朝幸福圓滿的方向前進。

○大天使祈請文

「大天使加百列，請協助我將曾經的痛苦化做未來的幸福，用光與愛的磚瓦去建構充滿喜悦的實相，我知道我擁有來自源頭的祝福。謝謝你！」

○大天使介紹

大天使加百列是訊息的傳遞者，能夠協助你通過溝通的阻礙和恐懼，展現自信和勇氣去表達自己的觀點。大天使加百列也能在任何有關受精、懷孕、領養小孩和兒童方面的問題給予你協助。

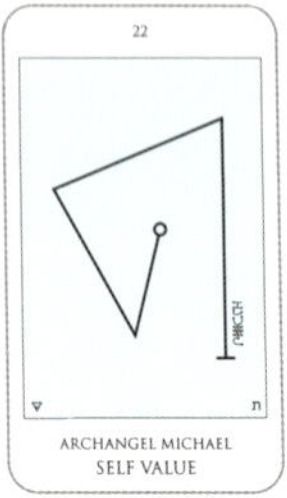

22
ARCHANGEL MICHAEL
SELF VALUE

大天使麥可
自我價值

人們或許知道你的名字，但不見得了解你的背景和你的故事；人們或許聽過你做過的事，但不見得清楚你究竟是如何走過、如何經歷了它們。

讓別人對你的評價，猶如一陣微風般輕描淡寫地滑過，而非讓這些聲響掌控了你的心情和你的人生。你無須試圖說服他人，也不用努力表現，別人如何看待你並不重要，重要的是，你如何看待你自己。當你肯定你自己，內心就會產生堅定的自信，而這份自信會吸引那些真正欣賞你的人靠近。

你真正的價值在於自我肯定，當你學會欣賞你的獨特之處，接納你現在的樣子，並且願意與自己一起成長和改善，你就能在生活中體現你的價值，勇於向前，相信自己，去創造你渴望的人生。

○大天使祈請文

「大天使麥可，請協助我放掉「感覺自己不夠好」和「試圖變得完美」的限制性信念，我明白真正可以定義自己價值的人，只有自己。謝謝你！」

○大天使介紹

大天使麥可能夠給予你勇氣和力量去落實夢想，實踐你的人生使命，看見自己真正的價值。大天使麥可能夠守護你的安全，同時給予你所愛的人完整的保護，免於受到任何負面能量的侵襲。

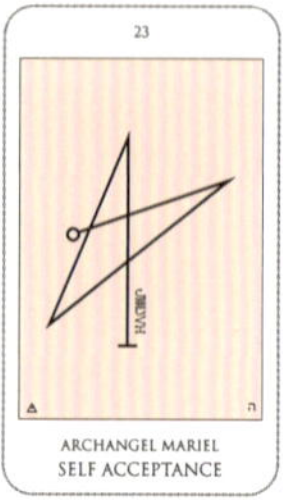

23
ARCHANGEL MARIEL
SELF ACCEPTANCE

大天使瑪瑞爾
自我接納

獨處是與內在連結的寶貴時刻，人群中，你或許需要修飾自己的樣子，有時可能會因為環境需求或他人期望而顯得拘謹或流於表面，這並沒有關係，你可以依照你的狀態調整你與外界敞開的程度，因為真正重要的是，當你與自己相處，你是否能全然接納自己？

自我接納並非苛責或追求完美，而是允許自己犯錯、允許自己感受各種情緒，可以放下所有包袱，自在大笑、放鬆、盡情享受你喜愛的事物？透過檢視自己的言行舉止，你能夠做適合的調整和轉化，但是過度批判自己，只會打擊自己前進的力量。成為第一個擁抱和接納自己的人，你會因而變得更柔軟、更真實，也更完整，自我接納的力量會帶領你走向內在的平靜與成長，讓你在這個紛擾的世界中更堅定和自由。

○大天使祈請文

「大天使瑪瑞爾，請協助我與自己連結，觀察自己內在的聲音、感受和想法，支持自己去做真正喜歡的事，並且成為自己永遠的避風港。謝謝你！」

○大天使介紹

大天使瑪瑞爾能夠平衡你的男性和女性能量，協助你從靈魂的角度檢視事情，以你的最高益處採取實際的行動。大天使瑪瑞爾也能夠協助你與神聖祖先的智慧連結，啟動靈魂累世的天賦與潛能。

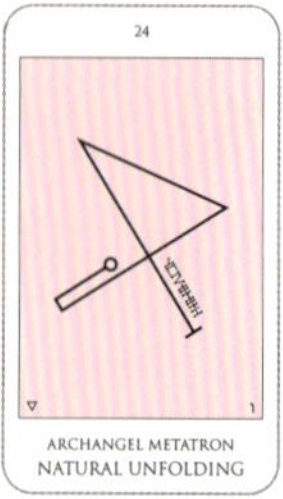

24
ARCHANGEL METATRON
NATURAL UNFOLDING

大天使麥達昶
自然展現

當你允許事情自然地發生，當你允許未來自然地展開，你就有能力平衡所有的當下時刻，你就有能力在每一段經驗裡發現隱而未顯的智慧。不論你處於靈魂之旅的哪個階段，請緩下你的腳步，回到你的內心，信任你的內在智慧和知識會引領你穿越迷惘和困惑。

你會在失衡之處找到平衡，你會在失望裡遇見希望，你會在靈性與物質、自己與他人、付出與接受之間獲得真正的自由。這是你靈魂的呼喚，提醒你帶著勇氣和無畏的心去行動、去表達、去愛。

在這個自然展現的過程中，請相信，所有的精力都是為了讓你更深入了解自己、讓你更親近生命的本質。放下對結果的執著，接受每個當下的恩賜，珍惜旅程中意想不到的美好，讓一切順應生命之流自然展開。

○大天使祈請文

「大天使麥達昶，請協助我安處於每一個階段、每一個當下，在所有的經驗裡獲得真知洞見，引領我前往服務我最高益處的方向。謝謝你！」

○大天使介紹

大天使麥達昶曾轉世於人間，是先知以諾（ENOCH）。大天使麥達昶協助彩虹和水晶小孩，以及靛藍成人適應地球環境，讓這些新時代靈魂能夠保有靈性的天賦，看見自身獨特的價值，學習表達自己的觀點和感受，為人類個體和集體開創下一個新世紀。

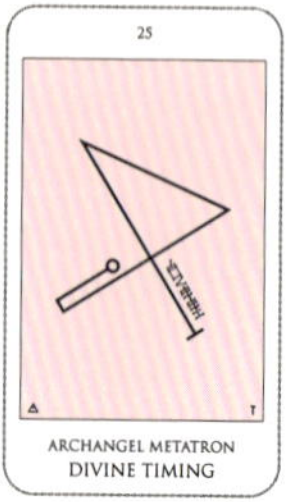

25
ARCHANGEL METATRON
DIVINE TIMING

大天使麥達昶
神聖時刻

在你心中的神聖火光已經被點燃，現在是覺醒的時刻，以新的方式朝著新的階段邁進。過去依附仰賴的支柱、曾經深信不疑的觀點、以往難以放下的包袱，都開始消退殆盡，好讓你在這個新的世界，顯化新的事物、建構新的關係、創造新的經驗。

如果你仍然緊抓著舒適圈裡的安全感，對自己內在的渴望視而不見，或是用任何基於恐懼的方式在拖延，那麼你需要知道：現在是放手的時刻。即使你覺得自己尚未準備好去改變，事實上，你已經完全準備就緒，一切都在神聖時刻的完美看照下展開，每一個步驟、每一個選擇，都在指引你走向真正屬於你的道路。每一次的轉變，都是一次心靈的重生，放下舊有的重擔，新的可能性就會如泉水般湧現。

○大天使祈請文

「大天使麥達昶，請協助我放掉阻礙我前進的擔憂和恐懼，讓我能夠以新的信念、新的行為去創造新的經驗，我信任我可以做到。謝謝你！」

○大天使介紹

大天使麥達昶曾轉世於人間，是先知以諾（ENOCH）。大天使麥達昶協助彩虹和水晶小孩，以及靛藍成人適應地球環境，讓這些新時代靈魂能夠保有靈性的天賦，看見自身獨特的價值，學習表達自己的觀點和感受，為人類個體和集體開創下一個新世紀。

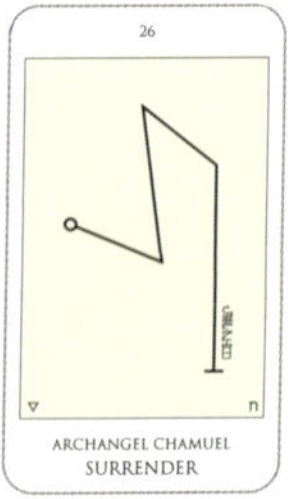

26
ARCHANGEL CHAMUEL
SURRENDER

大天使夏彌爾
臣服

時間正加速流逝，讓轉變的能量得以將那些已經阻礙你成長許久的人事物帶離開，意想不到的事件將接連出現在你的生命裡，這些變化會為你和牽涉其中的每個人帶來真正且長遠的益處。

觀察生活裡哪些地方是特別需要淨化？你是否緊抓著一段難以結束的關係？你是否成為過去的俘虜，活在回憶的監牢裡？現在是釋放這些痛苦經驗的時候了。臣服於神聖秩序，允許業力的糾葛告一段落。臣服不是放棄，而是信任生命會為你帶來最適合的安排。即使在經歷天翻地覆的變化時，請保持信任，因為你正在脫離禁錮你已久的漩渦，進入一個充滿自由的新世界。敞開心，擁抱出現的每一個機會，這是一段自我轉化的旅程，最好的尚未到來，你的生命即將迎來光明與希望。

○大天使祈請文

「大天使夏彌爾，請協助我保持堅定，在必要的時候做出果決的判斷，不再過度用力去掌控或維繫任何局面或關係，我選擇放手、臣服和信任。謝謝你！」

○大天使介紹

大天使夏彌爾能夠協助你擴展人際關係、找到符合人生使命的工作、尋回遺失的物品，也能療癒你內心的傷痛，釋放罪惡感和不甘心，化解誤會和衝突，協助人們透過愛和慈悲來互動，恢復親密關係的和諧。

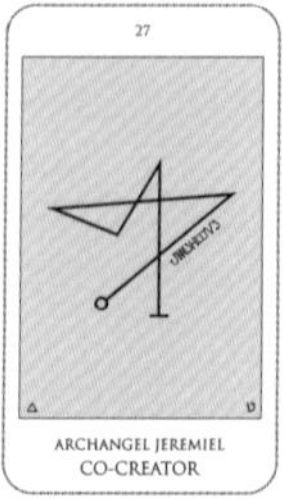

27
ARCHANGEL JEREMIEL
CO-CREATOR

大天使耶利米爾
共同創造者

你來到這個物質實相，是為了透過實際嘗試來了解自己是如何透過自由意志和自由選擇去創造不同的經驗。沒有什麼是被決定或被安排的，也許你認為如果自己能選擇，你就不會選擇某些經驗、背景或環境，甚至不會選擇來到這裡。然而，即使你感覺如此，你確實是自己生命的主人，渴望在每個物質經驗裡活出愛和靈性的品質。

當你認出你是個人和集體實相的共同創造者，你會發現打開自由之門的鑰匙其實一直都在你手裡。你的每一個決定都是在表達自我、影響世界的機會，你有能力創造美好的人生體驗，持續成長與蛻變。當你意識到自己的力量，與他人共同創造更光明的新世界，你會發現生活裡的每一個瞬間都充滿無限的可能。勇於探索和實踐，成為共同創造者。

○大天使祈請文

「大天使耶利米爾，請協助我善用自由意志和自由選擇的能力，以愛而非恐懼去創造我的經驗，我接納現狀，並且深信我可以改變自己的世界。謝謝你！」

○大天使介紹

大天使耶利米爾能夠協助依循你的心行事，跟隨你的內在熱情去創造符合你最大益處的事物，確保你走在落實人生使命的道途上。大天使耶利米爾也能夠協助你了解夢境的意義，從你的人生經驗裡獲得洞見和成長。

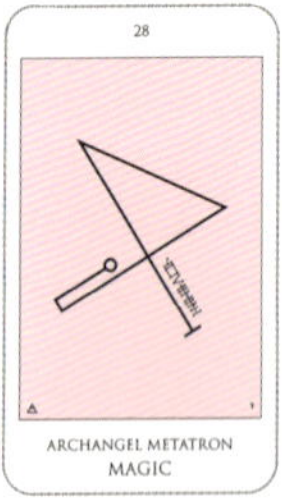

28
ARCHANGEL METATRON
MAGIC

大天使麥達昶
神奇

敞開你的心，去探索在你周遭和在你之內神奇的一切。除了眼睛所看到的表象，還有許多如同魔法般無形的事物正等著你去發現。你看不見你的情緒和感受，但是你能深刻體驗到它們對你的影響；你看不見你的意圖和念頭，然而正是這些無形的想法創造出你有形的世界。

所有的形體都是由無形的振動頻率所生成，當你看穿物質表相，你會進入一個更豐富而不受限的次元，你就能如同煉金術般更有意識地去顯化。在這個神奇的旅程中，你透過觀察和內省，理解並轉化自己的情感與想法。如同一位煉金術師，當你學會專注於那些看不見的力量，你就能開啟更多可能性。相信內在的神奇，讓每一次的呼吸都充滿期待，因為神奇正等著你去發掘。

○大天使祈請文

「大天使麥達昶，請協助我釋放無形事物所帶來的不安和恐懼，給予我守護和支持，我只允許服務我最高益處的高頻存有和能量進入我的生命。謝謝你！」

○大天使介紹

大天使麥達昶曾轉世於人間，是先知以諾 (ENOCH)。大天使麥達昶協助彩虹和水晶小孩，以及靛藍成人適應地球環境，讓這些新時代靈魂能夠保有靈性的天賦，看見自身獨特的價值，學習表達自己的觀點和感受，為人類個體和集體開創下一個新世紀。

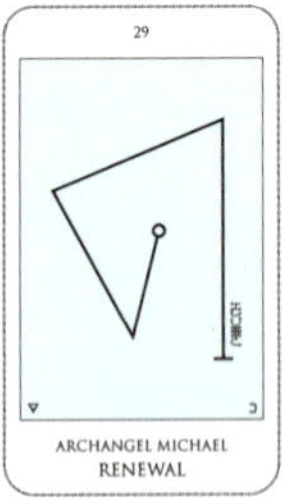

29
ARCHANGEL MICHAEL
RENEWAL

大天使麥可
更新

現在是結束、完成和重新開始的時候，所有的失衡之處，不論是在身體、情緒、心智或靈性層面，都會調整到平衡的狀態。在這段期間，可能會出現各種大小的變動，這些變動正是你生命中必要的更新，不僅會引領你進入真正的內在平靜，還會帶來更適合的機會和人際關係。

保持彈性和樂觀的心態，觀察你的身體，沈澱你的心情，歡迎並接納轉變的發生。每一次的改變，都是一個新的開始，讓你能夠重新評估自己的需求和目標，朝更高的方向前進。更新是成長的必經之路，讓你有機會告別過去，迎接新的可能性。不論你在面對什麼，相信一切都在變得更好，你的生活很快將煥然一新。

○大天使祈請文

「大天使麥可，請協助我在變動裡持續獲得療癒和轉化，我願意展現勇氣去告別和開始，我知道這些經驗都會讓我變得更有力量，也更平靜。謝謝你！」

○大天使介紹

大天使麥可能夠給予你勇氣和力量去落實夢想，實踐你的人生使命，看見自己真正的價值。大天使麥可能夠守護你的安全，同時給予你所愛的人完整的保護，免於受到任何負面能量的侵襲。

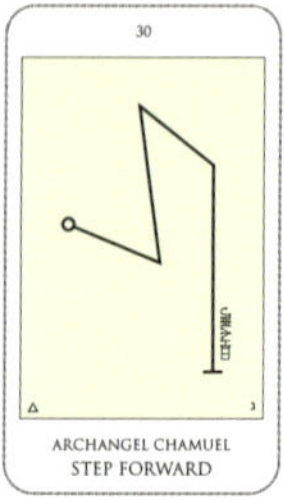

30 ARCHANGEL CHAMUEL

STEP FORWARD

大天使夏彌爾

向前邁進

千里之行，始於足下。成長是一段旅程，轉變是一段旅程，認識自己是一段旅程，回歸於愛和自由更是一段旅程。不論旅途遠近，不論成果大小，重要的是每天都向前一步，將擔憂和焦慮轉化成對創造的熱情、對未知的好奇和對新開始的期許。

練習果決，把焦點放回到當下，播下美麗的種子，信任健康的綠芽，看見更大的計劃，見證屬於你的奇蹟。你永遠都具備跨越的力量，每一步都是你成長的一部分、都是一個新的開始。你會在每一次的前進中發現自己、擁抱愛與自由。每一次的向前邁進，都是在為未來鋪路，請記得：未來充滿無限可能，享受你的旅程，現在，邁出你的第一步。

○大天使祈請文

「大天使夏彌爾，請協助我放掉對未知的恐懼，我願意帶著好奇心去嘗試做不一樣的事，我信任我有能力創造真正帶給我熱情的生活。謝謝你！」

○大天使介紹

大天使夏彌爾能夠協助你擴展人際關係、找到符合人生使命的工作、尋回遺失的物品，也能療癒你內心的傷痛，釋放罪惡感和不甘心，化解誤會和衝突，協助人們透過愛和慈悲來互動，恢復親密關係的和諧。

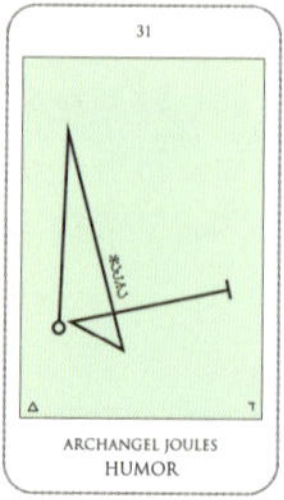

31
ARCHANGEL JOULES
HUMOR

大天使瞿伊斯
幽默感

別太嚴肅地過生活，也別太嚴厲地看事情。不論局勢發展是否如你預期，你總是能選擇以積極樂觀的態度去面對。務實並非代表生活就得不苟言笑，事實上，你的幽默感是你突破重圍、打破僵局的最佳夥伴。

一切事物都有光明面，所有經驗都有趣味性，當你越安處於當下的每一刻，信任每個人，包括你自己，都已經做到最好，你的生活就會充滿喜悅。幽默感能幫助你化解壓力，在逆境中找到樂趣；幽默感是一種智慧，引領你用輕鬆的方式看待挑戰和困難。歡樂無處不在，生活中處處有值得你微笑的瞬間，用歡笑來詮釋你的生命，讓幽默感成為心靈成長的催化劑，在喜悅的道路上持續成長。

○大天使祈請文

「大天使瞿伊斯，請協助我以樂觀的心態去看待生命中發生的事，我願意順應生命之流，在變動中找到充滿創意的解決之道。謝謝你！」

○大天使介紹

大天使瞿伊斯守護海洋王國，確保海洋生物和生態環境的和諧，引領來自宇宙的愛與智慧進入海洋，協助地球上每個居民的意識提升。大天使瞿伊斯能夠協助你透過沐浴、飲水、游泳等時刻吸收揚昇之光，讓身體裡的每個細胞充滿生命力。

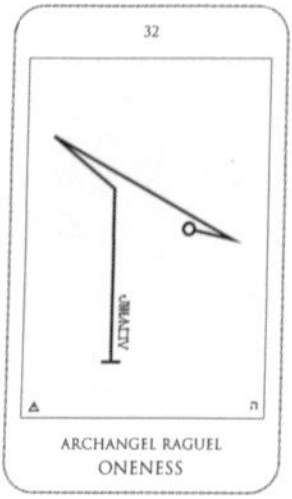

32
ARCHANGEL RAGUEL
ONENESS

大天使拉貴爾
合一

持續觀察你的內心和外在的世界，你可能會發現過去因為累積和壓抑所造成的失衡之處正在試圖重返寧靜，所有的不公正和不平等將走向和諧之道。

對立產生分裂，當你選擇接納和尊重不同的差異，交集就會出現；孤立造成分離，當你勇於敞開心，主動展現真實的自己，親密就會發生。你是幻相裡的明燈，你是整合二元化的先鋒，你是有力量的和平主義者。

○大天使祈請文

「大天使拉貴爾，請協助我發揮協調能力，整合所有的分裂，瓦解戲劇化的互動方式，為我的人際關係帶來真正的和平。謝謝你！」

○大天使介紹

大天使拉貴爾是公平與正義的象徵，為弱者帶來力量。大天使拉貴爾能夠協助你在人際關係中真實表達自己的感受和觀點，以平衡的方式與他人互動，協助你在混亂的情境中看見真相。

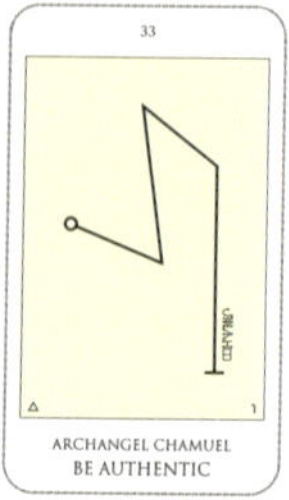

33
ARCHANGEL CHAMUEL
BE AUTHENTIC

大天使夏彌爾
真實

每個人都有獨特的價值，也有獨特的聲音，隨著人類集體意識持續擴展，越來越多人能夠包容差異性，欣賞多元的美。不要為了符合市場需要，就輕易改變你的原則與方針，也不要為了獲取外界的認同和讚賞，而去創作。發揮你的創造力，讓神聖的靈感透過你的心顯化在物質實相。做你真正想表達的事，那些你創造出來的東西，都是你能量的延伸，確確實實是你的一部分。

當你越真實，你就越堅定，也越有力量。現在是讓你的言行舉止散發出真實之光的時候，做真的讓你的心感覺雀躍的事。當你帶著喜悅和熱情去創造，你就成為神的左右手，將更多的美帶到這個世界。真實的表達來自內心深處，不僅能啟發他人，也能照亮你的生命。

○大天使祈請文

「大天使夏彌爾，請協助我放掉來自外界的期待值，以及被他人肯定和接納的需要，我願意活出真實的自己，創作出心會自在歡唱的事物。謝謝你！」

○大天使介紹

大天使夏彌爾能夠協助你擴展人際關係、找到符合人生使命的工作、尋回遺失的物品，也能療癒你內心的傷痛，釋放罪惡感和不甘心，化解誤會和衝突，協助人們透過愛和慈悲來互動，恢復親密關係的和諧。

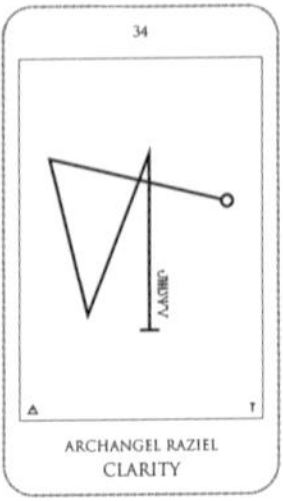

34
ARCHANGEL RAZIEL
CLARITY

大天使拉吉爾
洞察

這個世界或許看似很苛刻、很混亂、很迷惘，同時又很真實，你經歷了各式各樣的故事情節，現在你已經準備好放掉瓦解小我和情緒所創造的假象，以及恐懼、假設、期待和偏見所帶來的屏障，以較高的角度檢視自己的人生大戲，透過理解和接納的眼睛看見每個人的內心，明白事情的發生其實都有更深的意義。

對生命裡出現的同時性事件保持覺察，選擇看見真相，過程中，你會明白生命裡的每一個轉折都是一個契機，讓你得以進一步探索自我。在面對困境時，以仁慈而堅定的方式採取行動，這不僅是對他人的理解，也是對自己的愛與關懷。透過清晰的洞察，你會與世界建立更深的連結，你對生命的全新認知，讓每一個瞬間都充滿深度。

○大天使祈請文

「大天使拉吉爾，請協助我洞察事情的真相，發覺生活裡的美好與驚喜，為我的生活和我的人際關係帶來真正的和平。謝謝你！」

○大天使介紹

大天使拉吉爾能夠協助你探究神秘的領域，包括夢境和煉金術，協助你創造豐盛，提升超感官能力的敏銳度，擴展靈性智慧，將你渴望的事物顯化到生活裡。

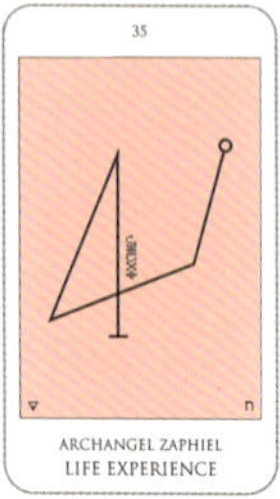

35
ARCHANGEL ZAPHIEL
LIFE EXPERIENCE

大天使薩菲爾
人生經驗

不論你在面臨什麼考驗，不論你在經歷什麼波折，你所需要的幫助、資源和指引總是已經在你身邊。任何時候，你都不是孤單的，但是當恐懼淹沒了你的思緒，你會感覺很無助，腦海裡不停地上演最糟的情況，彷彿你的生活被不受控制的外力所擊垮，挫折和心碎彷彿是最終的結果。然而，真相是，你永遠不可能真的失敗，你是以人類形式存在的永恆之光，你在地球上所做的一切都是無罪的。

陽光被烏雲遮蓋，不代表太陽失敗了；

世界充斥著恨，不代表愛失敗了；你做了錯誤的決定，不代表你失敗了，你只是在學習，從所謂的錯誤裡獲得寶貴的經驗和智慧。現在，記起你真正的身份：你是以人類形式存在的永恆之光。

○大天使祈請文

「大天使薩菲爾，請協助我以正向積極的心態接納生命裡發生的一切，我相信所有的好事或壞事，最終都會是有意義的事。謝謝你！」

○大天使介紹

大天使薩菲爾能夠為孩童帶來保護，守護他們不受到傷害，也能療癒內心的傷痛和憤怒，協助你透過慈悲之情原諒自己和他人的過錯，給予你陪伴，讓你知道你並不孤單。

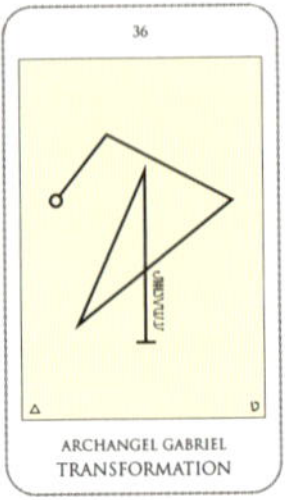

36
ARCHANGEL GABRIEL
TRANSFORMATION

大天使加百列
轉化

你能帶給這個世界最棒的禮物，就是你自己的轉化。釋放阻礙你前進的擔憂，不論是害怕被別人拒絕，還是擔心別人的反應，最重要的是去肯定自己的變化，勇於表達自己真正的感受和想法，同時保持臨在，溫柔地對待自己、整理自己。

當你這麼做，你會散發出強大的影響力，你不僅邁向一個新的開始，周圍的一切也會開始有所改變。每一次的轉化都是一個機會，讓你重新檢視自己的內心，挖掘出更深層的自我。透過轉化，你會更清晰地認識自己的渴望和目標，以更堅定的姿態向前邁進。你不必受過去的束縛，因為每一刻都是重新選擇的機會。相信自己的力量，放下過去，擁抱未來，讓轉化成為你生活中不可或缺的一部分，不斷成為你想成為的樣子。

○大天使祈請文

「大天使加百列，請協助我展現勇氣去結束舊的事物，開始向新的階段邁進，我肯定自己的轉變和成長，我活出自己的真理，並且感到快樂。謝謝你！」

○大天使介紹

大天使加百列是訊息的傳遞者，能夠協助你通過溝通的阻礙和恐懼，展現自信和勇氣去表達自己的觀點。大天使加百列也能在任何有關受精、懷孕、領養小孩和兒童方面的問題給予你協助。

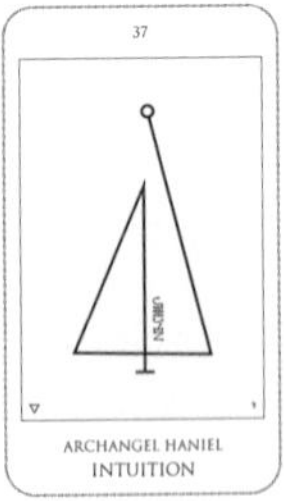

37
ARCHANGEL HANIEL
INTUITION

大天使漢尼爾
直覺

信任你的內在指引，擁抱你的靈魂智慧，榮耀你的柔軟與敏感，你的感受和靈感是接收神聖指引的最佳管道。現在是優先考慮直覺的時刻，讓你的心引領你，避免過度著重於實用性、生產力和邏輯分析，試著讓想像力帶著你去發現更多的可能性。

別人的建議可以做參考，但是永遠不要忽略你內在的聲音、不要因為害怕而放棄，也不要因為害怕犯錯而逃避。現在是全然相信自己的時刻，你的直覺不會讓你失望。當你開始跟隨這股內在的驅動力，你會更靠近靈魂的呼喚、更認識自己的渴望、更理解內在的知曉。相信你的直覺，見證你的人生更豐富、潛力更顯著，直覺為你帶來的啟發和轉變，會讓你感到驚訝。

○大天使祈請文

「大天使漢尼爾，請協助我靜下心傾聽來自內在的聲音，我願意依循我的直覺去選擇和行動，信任一切我所需要的資源已經準備就緒。謝謝你！」

○大天使介紹

大天使漢尼爾能協助你擴展社交圈、認識新朋友、找到靈魂伴侶，也能協助你增進超感官能力的敏銳度，平衡女性能量，在生活裡加入寧靜與和諧，給予你信心，在重要場合能夠自在展現自己。

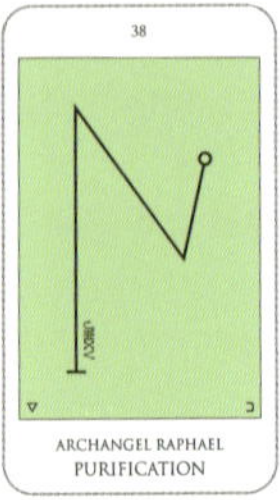

38
ARCHANGEL RAPHAEL
PURIFICATION

大天使拉斐爾
淨化

你已經準備好放掉那些不再對你有幫助的情況和能量，現在你需要在你的信念、情感和身體層面進行大掃除，挪出空間讓更適合、更有意義的人事物得以進入你的生命。不論你是否意識到自己的轉變，你確實持續在突破限制性的思維、轉化負面的行為模式、療癒曾經的傷痛，好讓自己能夠從停滯和消極的狀態裡跳脫出來。

在淨化的期間，攝取足夠的水份和健康的飲食，安排時間運動和放鬆，你會加速淨化和修復的過程。你的身體是地球之旅的載體，珍惜並尊重你的身體，給予它所需的愛與照顧。對未來保持信任和耐心，滿溢而出的愛正包圍著你，支持以輕盈優雅的姿態繼續生命裡的每一步。

○大天使祈請文

「大天使拉斐爾，請協助我溫柔地對待自己，給予我支持和療癒，讓所有失衡的能量回到和諧，並且為所有人，包括我自己，帶來祝福和安定。謝謝你！」

○大天使介紹

大天使拉斐爾能夠在各種層面帶來療癒，包括身體、情緒、心智和靈性。大天使拉斐爾時常與其他大天使合作，為受傷的動物、昆蟲和植物帶來療癒，也會保護旅行者的安危，確保旅程平安順利。

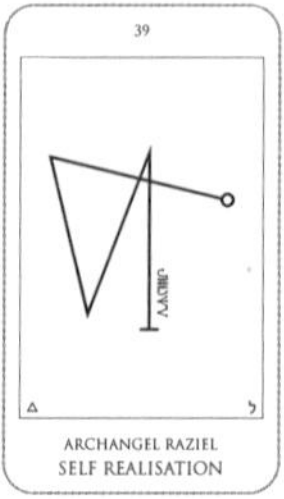

39
ARCHANGEL RAZIEL
SELF REALISATION

大天使拉吉爾
自我實現

隨著你持續清理、瓦解、拆除限制性的信念和慣性的行為模式，你的生命出現許多變化和更新。支持你通往自我實現的資源和機會已經來到你的面前，你可以自在探索靈魂深處，感受更寬廣的意識層次，獲得過去未曾發現的品質和才能。

你接受了曾經的傷痛和挫折，你療癒了內在的衝突和分裂，現在是時候放掉綑綁你的最後一條線，讓自己不受阻礙地往前進。你即將超越混亂和迷惘，以更全觀的角度認識生命的真相，以及身為靈魂永生的自己。你正走在服務你最高益處的道途上，不論是面對挑戰或大好機會，你都能安心地去發揮你最大的潛能，實現你最獨特的價值。持續探索你自己，自我實現的旅程會引領你走向內在和平與自我完整。

○大天使祈請文

「大天使拉吉爾，請協助我在生命裡的每個時刻，完整地經驗和展現自己的無限可能，透過自我實現，獲得價值完成，同時為他人帶來啟發。謝謝你！」

○大天使介紹

大天使拉吉爾能夠協助你探究神秘的領域，包括夢境和煉金術，協助你創造豐盛，提升超感官能力的敏銳度，擴展靈性智慧，將你渴望的事物顯化到生活裡。

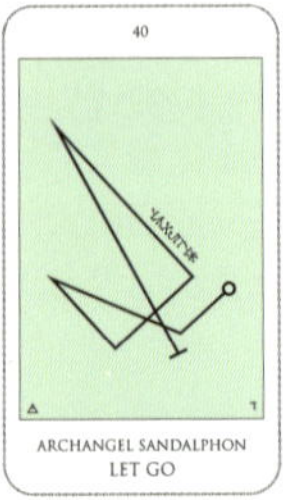

40
ARCHANGEL SANDALPHON
LET GO

大天使聖德芬
放下

如果你想要理解變動為什麼會發生，你需要先面對它、接納它，順應這股變動之流，你就能揚起風帆，隨著這條通往新開始的河流，展開下一段美麗的旅程。也許是一張照片、也許是一個地方、也許是一首歌、也許是一封信、也許在某個剛好的時刻，某段回憶從塵封已久的內心深處浮現上來。也許突然之間你有了感觸，也許眼淚莫名地充滿眼眶。

現在是將這些片段放下的時候，對著曾經的錯誤、曾經的迷惘、曾經的悔恨輕輕一笑，為過去的經驗劃下句點，挪出空間，然後帶著現在的自己往前邁進。全新的開始正等著一個全新的你，在生活中發現真正的平靜與喜悅，現在展翅高飛吧！

○大天使祈請文

「大天使聖德芬，請協助我放掉所有的掙扎，我願意接納現況，與過去告別，放眼於未來，並且信任一切都會獲得完美的結果。謝謝你！」

○大天使介紹

大天使聖德芬曾轉世於人間，是先知以利亞 (ELIJAH)。大天使聖德芬能夠透過音樂為你淨化恐懼和擔憂所帶來的干擾，協助你展現力量和勇氣，以清晰的洞察力通過困境。

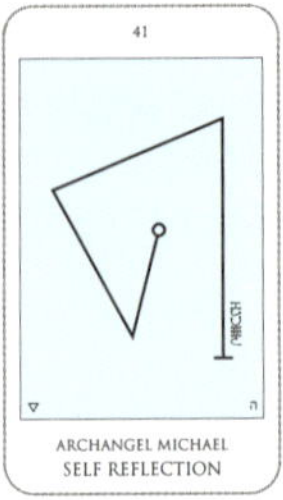

41
ARCHANGEL MICHAEL

SELF REFLECTION

大天使麥可

自我反思

你正在經歷一段重要的轉化期，隨著你持續看穿表象，你更清楚感受到一股來自內在強大的驅動力，促使你突破自我設限、跨越舒適圈、嘗試新事物、改變生活作息，甚至有種強烈的渴望，讓你想要精進自己、服務他人、超越一切的不可能。

不論過去你對自己有什麼觀點，現在是重新檢視自己的時候，全然地接納並信任自己，保持耐心和紀律。舊的架構已經開始瓦解，而新的開始正在逐步建構，透過自我反思，你能深入探索內心真實的的需求，理解你的情緒和想法，從中獲得啟發。讓你的心充滿愛與和平，與身邊的人分享你的新洞見，你將成為更好的自己，創造超乎你想像的美麗實相。

○大天使祈請文

「大天使麥可，請協助我將所有負面的念頭和情緒轉化成前進的力量，我已經準備好讓愛充滿生命的每一刻，在每個人身上認出愛的存在。謝謝你！」

○大天使介紹

大天使麥可能夠給予你勇氣和力量去落實夢想，實踐你的人生使命，看見自己真正的價值。大天使麥可能夠守護你的安全，同時給予你所愛的人完整的保護，免於受到任何負面能量的侵襲。

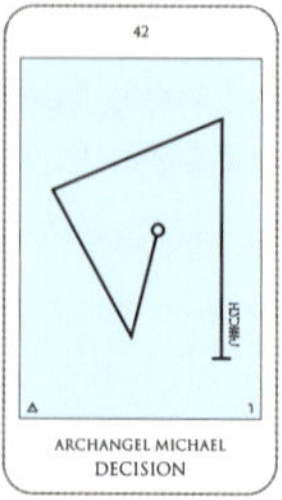

42
ARCHANGEL MICHAEL
DECISION

大天使麥可
決定

或許你正試圖忽略做決定的必要性，以睜一隻眼、閉一隻眼的方式消極地面對當前的處境，然而逃避只會加重你心裡的包袱，讓你的目標變得遙不可及。與其等待問題自行解決，現在是採取行動、做出決定的時候，問問自己：什麼是我真正渴望的事物？是什麼信念阻礙了我往前進？我是否說服自己安於現狀？我是否害怕失敗或被批判？專注在讓你感覺快樂、有熱情的事物上，帶著良善的起心動念，堅定地做出公平而清楚的決定。每一次的選擇都是一次自我成長的機會，能為你和他人帶來真正的自由。做決定不代表放棄，而是對自己和生活的承諾。每一個決定都是一個轉折點，不論是大是小，都能引領你走向更豐富的人生。做明智的選擇，讓你的決定成為生命旅程的驅動力，有意使地行動。

○大天使祈請文

「大天使麥可，請協助我真實地與自己對話，擁抱轉變和未知，在責任和自由之間找到適合的平衡點，果決地做出必要的決定。謝謝你！」

○大天使介紹

大天使麥可能夠給予你勇氣和力量去落實夢想，實踐你的人生使命，看見自己真正的價值。大天使麥可能夠守護你的安全，同時給予你所愛的人完整的保護，免於受到任何負面能量的侵襲。

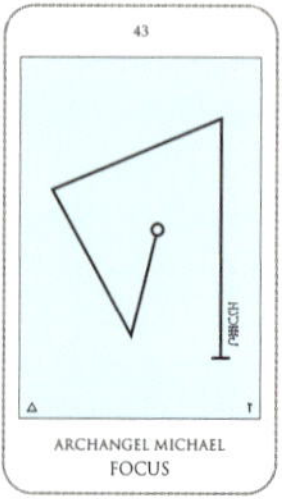

43
ARCHANGEL MICHAEL

FOCUS

大天使麥可
專注

你是自身命運的創造者，當你願意為自己的生活負起更多的責任，不再把力量交付給其他人、不再依賴別人為你做決定、不再等待誰來拯救妳，你會更容易發現快樂、找到自信、成就屬於你的價值。如果你不確定自己的方向、不清楚自己的渴望，你的世界會呈現迷失而停滯的狀態。

現在是把專注力放在你真正想要什麼，而非害怕什麼的時候，將來自外界的期待放下，你會更容易達到目標、完成計劃、創造出你想要的經驗。保持專注，清晰定義你的目標，讓你的行動與內心的願景一致。專注是向成功靠近的決心，機會的大門正在敞開，無限的可能性正隨著豐盛之流來到你的生命，張開雙臂去迎接吧！

○大天使祈請文

「大天使麥可，請協助我有意識地選擇自己的念頭，善用內在視覺的想像力，透過愛去創造我真正渴望的事物，顯化我值得擁有的豐盛與美好。謝謝你！」

○大天使介紹

大天使麥可能夠給予你勇氣和力量去落實夢想，實踐你的人生使命，看見自己真正的價值。大天使麥可能夠守護你的安全，同時給予你所愛的人完整的保護，免於受到任何負面能量的侵襲。

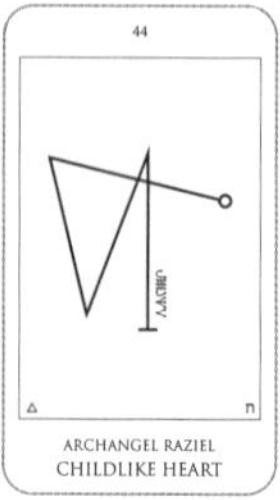

44
ARCHANGEL RAZIEL
CHILDLIKE HEART

大天使拉吉爾
赤子之心

你從哪裡開始尋找，你就會從那裡開始找到。旅程開始的意義，在於找到你自己，而那也是你一直在尋找的東西。

你花了許多時間和方法認識自己，甚至試圖從其他人的觀點來了解和定義你是誰，然而你會發現，這些拼湊出來的片段，並不能完整呈現你的真實樣貌。唯有當你向內看，才會找到答案。

現在，試著一層層剝去表象的包裝和社會賦予的標籤，在這趟記起自己是誰的旅程裡，帶著好奇心去探索、去感受、去挖掘，透過你的赤子之心，去發現生活中那些充滿趣味與驚喜的片刻、去感受歡笑與簡單的幸福，你會在這些地方一次次遇見真正的自己。

○大天使祈請文

「大天使拉吉爾，請協助我從孩子般的眼睛看世界，在每一個經驗裡發現神奇之處，我知道當我打從心裡感覺快樂，我就與自己同在一起。謝謝你！」

○大天使介紹

大天使拉吉爾能夠協助你探究神秘的領域，包括夢境和煉金術，協助你創造豐盛，提升超感官能力的敏銳度，擴展靈性智慧，將你渴望的事物顯化到生活裡。

4
關於卡米兒

生於台北，居於倫敦。幼稚園開始第一次與天使的接觸，與天使和指導靈就像朋友一樣親近，能夠看見、聽見、知道和感覺到他們的存在，也能直接與他們溝通。隨著靈性成長，身邊開始出現不同類型的存有，包括揚升大師、獨角獸、精靈、力量動物等，也開始接收來自天使和指導靈的教導。

依循內在的引領，卡米兒明白自己這一世其中一項重要的靈魂使命，是分享、教導和傳遞來自高頻存有的神聖智慧與療癒方法，協助意識層次上已經準備好的人們成為靈性和物質之間的橋樑，在日常生活中體現靈性的品質，透過持續精進和完善自己，進而提升人類集體意識和星球意識，成為新人類的先驅。

目前，卡米兒持續接收天使與指導靈的智慧教導，陸續發展出新的能量療癒架構與方法，以務實簡單的方式將靈性智慧融入日常生活，同時專注於天使、指導靈、卡巴拉、靈性數字學、水晶意識、靈魂藍圖等相關書籍和牌卡的寫作。

卡米兒具備以下國際認證資格：

卡巴拉天使療癒創辦者和培訓老師
卡巴拉天使療癒師
水晶意識療癒創辦者和培訓老師
水晶意識療癒師
靈魂藍圖解讀師培訓老師
靈魂藍圖解讀師（基礎和整體）
靈魂轉化療癒師
亞特蘭提斯能量槳療癒師
情緒釋放技巧治療師

著作：

第一本天使書
大天使訊息卡：第一輯
內在女神：擁抱神聖女性能量

牌卡創作歷程

天使和指導靈像我的朋友，也像我的老師，在生命的不同階段，透過不同的方式，給予我非常多的陪伴、教導和守護。十幾年來，透過自身的連結管道，接收了數千則天使訊息，每一位天使都是如此獨一無二，每一段文字都帶給我深刻的啟發，這份感動促使我進行《大天使訊息卡：第一輯》的創作，希望將安處於恩寵裡的平靜分享給更多人。

創作期間，我發現用過於具體的方式去描述天使，以及神聖的療癒能量，容易造成誤導、侷限和框架。因此，我選擇以抽象又有特定架構的方式，融合多方古文獻記載、煉金術、摩西靈性數字學、色彩學、印記學和希伯來文，來詮釋參與《大天使訊息卡》創作的每一位大天使，以及他們散發出來的氛圍、特質和療癒力。每一張牌卡都是大天使能量的延伸，這也是為什麼將將牌卡放在手中、看著牌卡就能感受到來自大天使的祝福。

當你閱讀每一段的文字，當你觸碰每一張牌卡，你就在天使的羽翼裡，安全地、喜悅地、充滿力量地行走在屬於你的靈魂之旅。

大天使訊息卡：第一輯

作　　者　卡米兒
美術設計　卡米兒
內文設計　卡米兒
牌卡設計　卡米兒

出　　版　幸福文化／遠足文化事業股份有限公司
地　　址　231 新北市新店區民權路 108-3 號 8 樓
電　　話　(02)2218-1417
傳　　真　(02)2218-8057

責任編輯　高佩琳
總 編 輯　林麗文
副總編輯　賴秉薇、蕭歆儀
主　　編　林宥彤、高佩琳
執行編輯　林靜莉
行銷總監　祝子慧
行銷企劃　林彥伶

發　　行　遠足文化事業
股份有限公司
地　　址　231 新北市新店區民權
路 108-2 號 9 樓
客服電話　0800-221-029
傳　　真　(02)2218-1142
電　　郵　SERVICE@BOOKREP.
COM.TW
劃撥帳號　19504465
網　　址　WWW.BOOKREP.
COM.TW

法律顧問　華洋法律事務所
蘇文生律師
印　　製　博創印藝文化事業
有限公司

書籍編號　0HIC0002
定　　價　980 元
I S B N　978-626-7532-93-5

初版一刷　2025 年 3 月

國家圖書館出版品預行編目(CIP)資料

大天使訊息卡．第一輯 / 卡米兒(Camiel)著．初版．
新北市 ： 幸福文化出版社出版 ： 遠足文化事業股份
有限公司發行，2025.03
面； 公分．--（卡米兒 ； 2）
ISBN 978-626-7532-93-5(平裝)
1.CST: 占卜
292.96　　114000605